시편의 강에서

국립중앙도서관 출판시도서목록(CIP)

시편의 강에서 : 이사라 시집 / 지은이: 이사라. --
대전 :
오늘의문학사, 2014
 p. ; cm. -- (오늘의문학시인선 ; 339)

ISBN 978-89-5669-638-6 03810 : ₩8000

한국 현대시[韓國現代詩]

811.7-KDC5
895.715-DDC21 CIP2014024575

오늘의문학시인선 339

시편의 강에서

이사라 시집

오늘의문학사

| 시인의 말 |

고맙습니다

나의 詩에게
나의 시를 읽는 분들께

사랑으로 응원하여 준 가족에게
두 번째 시집을 바칩니다

내 품에서 떠나는 詩들이여
행복한 세상 살기를

2014년 가을   李思羅

|차례|

시인의 말　　5

제1부_오래된 길

시계가 있던 자리는　　13
오래된 길　　14
시인을 기다리며　　16
목공소　　18
겨울비　　20
바다로 가는 길　　21
고등어 눈물　　22
야생화는 말한다　　23
사탕과자　　24
동행　　25
감기 끝내기　　26
시집을 사고　　27
시편의 강에서　　28
호접란(胡蝶蘭)　　29
세 시에 눈뜨다　　30
누룽지 한 조각　　32
책갈피에　　33
거짓말을 출판하다　　34
기도　　36
사랑니　　37
양모 이불　　38

제2부_초록빛 길은

개기 월식	41
하얀 배가 왔다	42
심심함에 대하여	44
내용 있음	46
해물 칼국수집	48
메밀 국수	49
남이섬	50
자유인	51
수박	52
사랑방 마루에는	53
초록빛 길은	54
와불 앞에서	56
불국사는 어디 있나요	58
축제	60
바다를 그리네요	62
저수지가 있다	64
11월	66
별 해바라기 참새 참꽃	67
풍력 발전기	68
바닷가 우체통	69
여름 나그네	70
한밭도서관에서	71

제3부_할머니의 달

여름날 75
막걸리 DNA 76
그리움 78
굴비·1 79
굴비·2 80
날을 세우다 81
아욱 죽 82
새가 되다 84
생일 축하 86
아버지와 족제비 88
늦은 성묘 90
봄 미나리 92
도라지꽃 이야기 94
바다의 달 95
살구나무 96
할머니의 달 97
짧은 봄 98
성탄카드 100
해금 켜는 소녀 102
한라도서관 104
참 미안합니다 106
배추밭 107

제4부_모기에 물리다

로데오 거리에서   111
황금 물고기의 전설   112
역전 광장에서   114
깨진 것들은 빛나고   116
서 있는 사람들   118
우공 산   119
정지용 생가 그리고 나   120
예수 상   123
모기에 물리다   124
성거산 성지   126
눈 내리는 날   128
아현 육교   129
팽목항의 봄   130
길상사   132
그집 그 사람   134
새 사제 태어나는 날   138

■ **작품해설**| 리헌석 / 서정과 시심의 맥놀이 현상   141

1
오래된 길

시계가 있던 자리는

시간들 사이에
벽이 있고
상처 입은 시간이 걸려 있다
따뜻한 물로 씻어
한 소절 심장 소리 듣고 싶다

인생의 사막에
시간이 사라질 때
시계가 있던 자리는
얼마나 먼 벽이어야 하나
얼마나 먼 사막인가

오래된 길

살아간다는 건 길을 만드는 일이다
길마다 이야기가 있었고
연민의 눈으로 볼 때
길이 보였다

북아현동 높은 곳 성채 같은 다세대 주택들 미로를
또박또박 적금통장 찍어가듯 야무지게 올라가는 사람들
인생에 지름길을 묻지 않고
출발이자 끝이기도 한 그곳에서
아들은 대학에서 직장인 될 때까지 살았고
나는 벌같이 날아다녔다 수없이

아들은 위를 보며 살았던 개념으로
신혼집을 상도동으로 택하였다
나와의 동행은 끝났고
그곳은 잊으라 하였다
너저분하고 협소하며 숨 가쁘던 오르막길
담벼락에 써놓은 번지와 화살표를 따라
젊음이 머물고
그 골목에도 석양의 태양이 빛나던 시절을
아들도 옛이야기로 말할 때쯤

엄마는 길을 잃을지 몰라

인생에는 언제나 갈림길 있고
그 앞에서
오래된 길 거기
나 있을게

시인을 기다리며

그대가 나를 잊은 것은
나의 슬픔이지만
그대가 우리를 잊은 것은
그대의 슬픔입니다

문자를 띄웠다

푹 퍼진 보리밥을 고봉으로 담아 놓고
날된장에 풋고추를 찍어 먹어도
시는 날로도 맛있었고
지성의 언어는
입을 가시는 청량한 우물 한 사발

여름 나무 그늘에서 시인의 푸른 편지를 읽고 싶다

헤어짐이 가난할 때 있지 않았으니
슬픈 마음으로 다가가지 않겠다
가을이 오고 쇼팽이 오고
가치의 시간도 오겠지
우리에게 배당된 시간이 얼마인지
잔고를 확인해야 해요

당신의 시를 압류합니다

목공소

빗금처럼 기울어진 시간 속에
살아있는 그리움 있다

우리 동네 작은 목공소
새벽을 깨우던 절단기 소리
여름 날 아침이 잘려지고
대패질한 나무들 뽀얀 누드
빛나고 있다

때 묻고 굽은 나무들
나이테는 살아있다

깨진 유리창 사이로 하얀 달빛 스며들어
피사체로 걸린 풍경
가게 안 먼지들이 환하다

그곳에 온기 도는 밥이 있다
톱밥 대패밥 그 집 식구들 밥

바람이 불어왔다
나무들이 덜컹덜컹 짖고

아귀 틀린 문짝이 불안했다
그 동네가 불안했다
재개발지역

우리목공소 우리이발관 우리슈퍼 우리동네

사라진 것들의 넝쿨
세상의 담을 넘는다

겨울비

마지막 수업이 끝난 날

겨울비가 내리고 있었다 무거운 누추로
눈이 내린다면
저 충충한 건물들과 가로수가
빛났을 걸
차들은 겸손하게 선을 지키고
난타하는 빗방울이 순간의 보석으로 구르는 걸
와이퍼가 열심히 닦고 있다
마음까지 젖어드는 걸 허락하지 않겠다고

마지막을 말하지 않았지만
만남을 약속하지도 않은 채
우리가 이름 지었던 도시를
떠나왔다

우연히 만날 때, 해장국 그 집에서
긴 시간 우려낸 뼈다귀탕 뜨거운 국물로
마음을 데워가며
뼛속 구석구석 박힌 많은 이야기들을
끄집어내면서

바다로 가는 길

하필 바다로 가는 날에 큰 비가 내려
골짜기마다 흙물을 토해내고 있다
바다는 어떤 모습으로 나를 맞을까
성난 이빨로 달려오면 어쩌지
그러나 그것은 기우였다
바다에 떨어지는 건 작은 빗방울이었을 뿐

면사포로 살짝 가린 신부
뽀얀 얼굴 고요하다
사방에서 진군하여 오던 붉은 물
흐려지기도 넘치지도 않았다

하늘 바다 울타리
완벽한 담장이다
저 담장 밖은 어떤 세상도
존재하지 않으리
길 하나 얻지 않으리

집으로 오는 길도
비는 내렸다
바다는 젖지 않았다

고등어 눈물

고향이 어디인지
등에 선명한 가문의 표시
그대 어디서 잠들어 있는가
눈가에 아직도 맴도는 파도
물결 푸른 바다가 출렁인다

참 만만하게 식탁에 오르는
비린내
보았는가 꼿꼿한 등뼈에 돛을 달고
다시 바다로 간다
비루했던 잠을 털어낸다
수수한 소금이 떨어진다
고소한 눈물의 맛

야생화는 말한다

허리 굽혀 겸손한 꽃을 본다

혹독한 겨울 이겨내고
봄이 왔다고
여린 꽃 피워낸

앙증맞게 예쁜 강아지
빠끔하게 뜬 눈
세상의 하늘을 본다

좁쌀 터진 듯 눈만 달린 작은 꽃
이름 알 수 없어 부르지 못하는
시린 마음 아득하다

들 찔레 향기 은은하게
머무는 산골짜기

꽃들은 말한다
색깔로 마음을 입으라고

사탕과자

작은 도랑에 가보았다
맑은 얼음이 얼어가고 있었다
별, 비행기, 꽃
사탕떼기 과자들이
바작바작 떼어지고 있었다

유년의 그림들
작은 도랑
얼얼하게 차가운 냇물에
손가락을 담가 보았다
내장이 보이는
빙어 다섯 마리

머리부터 살얼음이
얼기 시작했다
내일 아침이면
수정 고드름을
먹을 수 있을 것이다

사탕 과자 떼어먹듯
오던 길을 되돌아간다

동행

손
작은 조각 배
나와 항해 중이다

발
닳도록 다닌 길
그러나 만나지 못한 나

얼굴
참 많은 금
그러나 깨지지 않는다

남편
오래된 구두
참 편하다

감기 끝내기

또르르
보온병 물 떨어지는 소리
온 방에 퍼지는 외로움
햇빛의 난사 같은 오한, 바늘 끝이다
끊어진 전선처럼 널려진 머리카락
몸은 고열의 늪에 떠있는데
머리의 온도는 하강하고 있다
몸 따로 머리 따로 이 거리가 먼데
나는 시가 쓰고 싶다
생리의 욕구 같은
큐브 돌리듯 맞추어 놓는 단어들
통증 완화되었다

내일 아침은 서늘한 갈대
툭, 툭
날개 털고 비상하는 물새

진실로 사랑한 내 육신
앓고 있었다

시집을 사고

건물 그늘에 꽃샘바람 드센 날
지하 문고에 들어갔다
문고에 머문 시간은 길지 않았다
그 많은 책들과 마주할
마음은 약시이니까
새 책의 향기는 없었으나
책갈피에 다소곳이 눌려있는 끈
순결한 소녀의 리본 같다
돌아오는 버스 안에서
시집을 읽어 보고 싶었으나
그것도 사치스러워 보일까봐
가방 속에 넣었더니 활자들도 살아있는
생물이라 꿈틀대고 있다
앉은 사람보다 서 있는 사람이 많고
한 푼이라도 싸게 장을 본 보따리들이
내 옆자리를 좁혀온다

한 권의 시집을 사는 일이나
일 년에 한번 꽃을 보는 일이나
모두 조심스러운 일
내가 내릴 정류장은 아직 멀다

시편의 강에서

나 아직 바빌론의 강에 서성이네.
천국은 그리운 도시 그러나
사랑하는 그들 함께 가는 곳 아니면
나 홀로 그 강에 배를 띄우지 않겠네.

강물에 노을이 몸을 던지고
바람이 노을을 거두어 가도
하늘의 별들이 지켜보고
반달도 뜨겠지.

장손이 대학 가는 것도
둘째가 성공하는 일도
건망증 심한 아내 가스 잠그는 일도
시렁 위에 놓인 걱정 보따리.

그러나 나를 위해 기도하지 말고
내가 기도하게 해 준다면,
버드나무 무성한 가지에 걸어놓은 사랑
아직 이별 노래는 하지 않겠네.

호접란蝴蝶蘭

솟대 위에 노란 날개
상념은 여위어 가고 있는데
나비들
날지 않는다

가야할 곳도
만나야 할 시간도
약속 없이
날개 아래 슬픈 물줄기

사유의 나무는 자라지 않는다
피 마르고
꿀을 빨던 혀
굳어지기 전에

비상하라
지상에 꽃 없다 해도
너는 꽃이다
너는 나비다

세 시에 눈뜨다

나는 세 시면 눈뜨는 인형이다
그런 내가 나도 무섭다

하느님이 나를 만드실 때
왜 알람을 부착하셨을까
새벽 세 시쯤
내 눈에 잠은 멀어지고
푸른 정맥 드러나는
새벽을 연다

여유로운 아침이다
약속한 기도를 하고
한 줄 시를 고쳐 쓰고
군것질처럼 책을 읽는다

보너스로 받은 이 시간들을
내 인생 통장에 적금을 붓고
봉사하며 얻는 보람
덤으로 받은 기쁨이다

언제일지 모르나

먼 곳으로 떠나는 시간도
이 시각일 것이다
시작은 언제나
세 시였으니까

누룽지 한 조각

나의 시간은
잘 익은 누룽지 한 조각
붉은 노을이다

친구 사이에도
설탕 조금
소금 조금
조미료가 필요하다고 믿었던
서툰 젊은 시절
조급해서 달라붙은 것들
박박 긁어 흠집 내기도
"지두려라 절로 떨어지는 것이니께"
친정 엄마 금언 한 말씀

가당도 장식도 없는 케이크
은은한 불로 느린 시간을 조절하는
누룽지 잘 만드는 주부9단
남편도 한 조각 집어 들고
TV 앞으로 간다
시간을 기다린
오래된 친구다

책갈피에

슬퍼라
단풍 한 잎

얼마나
갑갑하였으면

손가락
벌린 채 미라가 되었구나

거짓말을 출판하다

시집을 내고도
한편의 시도 외우지 못한다
시들이 붉은 띠를 두르고 달려나올 것 같다
거짓말이다 빨간 거짓말

진실만을 써야한다고 선서한 일 없지만
진실의 입에 넣어도 잘리지 않는 손
그 진실 알고 있었다 사람들은

퍼즐 맞추듯
수없이 굴려 보았다

이 거리 저 거리 버려지고 헐어진
낡은 것들 수거해서
거짓말을 출판하였다

당분간
겨울나무 껍질 속 알집에
숨기로 하였다

봄이 올 때까지

어떤 논평도 사절합니다
당분간

기도

이제부터라도
잘 살아 보라고
너희들을 하느님께 입양시켰다

푸른 하늘 옥수수
울타리에 낮달 걸리듯
근심을 매달고
외양간에 찬바람 드센 날
어미 소 큰 눈에 별 뜨듯
떠오르는 얼굴들

나는 왜 엄마로 만들어졌을까

이제 저 있을 자리에
당신 있어 주십시오
하느님

사랑니

사랑을 알 때쯤
사랑니 난다

사랑이 싹트는 아픔
뽑아 버렸다

모든 상처에 꽃이 핀다는 걸
잘 몰랐지

단 한번 피는 꽃
너무 쉽게 포기한 사랑

돌이킬 수 없는
뼈아픈 후회

내가 사랑을 입에 담지 않는 건
그 후부터야

양모 이불

남편은
뉴질랜드 양털 이불을
덮고 잔다

어느 날부터
순한 양이 되었다

나를 어미 양으로 알고
따라 다닌다

2
초록빛 길은

개기 월식

오늘 지구도 모처럼
창공에 매달린
푸르게 외로웠던
달을 품속으로 안고
태양으로 부서진 사막
모래 같은 사연을
뿌리고 있다

달이 사라졌다고
달 없는 하늘이라 하지 않겠지
형체 없는 영혼이라고
영혼 없는 사람 없겠지
사랑하는 사람 그림자 속으로
들어간 사람들은 모두
달이 되었다

이런 날 몇 십년 후에나
달도 붉은 눈물
한 방울

하얀 배가 왔다

여름 하늘은 꿈꾸는 섬이다

마음까지 그늘에 눕히고 하늘을 본다
하늘 바다 끝에서 한 덩어리 구름
하얀 배가 내게로 왔다
이 배로 여행을 떠난다 꿈속의 꿈 같은

정상에는 흰눈이 쌓여있고
아래는 언제나 꽃이 피는 알프스에서
눈부신 태양 반짝이는 지중해 일몰까지

여름은 외로운 섬이다

서늘한 소낙비가 스쳐갔다
내가 읽던 책 페이지가 넘겨져 있다
초등학교, 여학교, 그리고 어른이 된 장章들이

보랏빛 하늘 끝
하얀 배가 느리게 오고 있다
다시 여행 길을 떠난다면
세상 밖

익명의 도시를 보러 갈 것이다

지난하고 쓸쓸한 긴 여행의 끝

심심함에 대하여

연말이 되면
마음 바닥을 훑어오는
바람은 가늘고 소리는 깊어진다

신문을 보다가
FM을 듣다가
시집을 읽다가

온몸을 늘어놓고 잠든 강아지 샤니는
털마다 하얀 평화가 매달렸다
산에서 뜬 해는 산으로 지고
밤이면 소금 같은 별이 뜨고
지구는 커다란 트리
예쁘게 불 밝힐 것이다

노을이 쓸쓸하다고
세상의 시간이 지루하다고
심심함을 크게 흔들어 놓는다면
거미집의 질서가 헝클어진다면
평범한 사람들의 평범한 일상은
얼마나 큰 축복인가

사람이 무엇이기에
이토록 기억하시는가

세상을 위하여
소금은 조금만 뿌려주세요

내용 있음

하얀 눈길 그려진 카드를 받다
"내용은 없음"

어둠 속에 눈 있어도 그만
다만 눈이 눈을 뜨게 하여
저 산들의 높이를 가늠하겠다

허락된 여백
허락된 수용
부담 없이 발자국 남기고 가도 그만
다만 여기서 그대의 신발을 벗으시오

인생이란 되돌아 올 수 없는 마을에
눈 내리고
세상에 길 없는 곳 있으랴
가만, 귀 기울인다면
우리가 서로를 끌어안는다면
시간의 체온으로 녹인
눈물 흐르는 소리

새해 새하얀 설렘으로 가라고

나는 소소한 말로
답장을 보낸다

"내용 있음"

해물 칼국수집

비바람 우중충한 날
들어간 칼국수집
눈이 확 열리도록
푸짐한 냄비 가득
갈매기들 목을 빼고
조개 줍는 소리 살그락 해물로
따끈한 대화는 얼큰이로
긴 수다 매끄럽게 넘어가고 있다
말도 다이어트 필요한데
바닥이 드러날 때까지 해감한 바지락을 건지고
속 빈 세월 껍데기를 쌓으며 생각한다

성애 가득한 유리창 빗물 흐르고
긴 면발 밀어넣던 말없던 시간
그때는 다 못한 이야기
퉁퉁 불어 그대로 남긴 채
짭짤한 국물만 졸아들고 있었지
서툴러서 지키지 못한 약속
흐린 날 이별 이야기는 삼가야지
아주 잊지 않았다고
앞 접시에 담아주며 말 할 걸 그때

메밀 국수

돌돌 말고 맹자 생각하는 국수
나도 같이 공자 생각한다
국수 맛으로 먹을까
소스 맛으로 먹을까

매끄럽게 넘어가는 면발
사는 일도 이렇게 쉽다면
긴 면발 풀리는 동안
진부한 대화는 생략하자
사는 일은 계속되어야 하니까

이렇게 저렇게 생각해도
찬밥 같은 세상은 아니다
사는 것이 맹맛이라도
상큼한 소스 같은
세상 즐거움
공자 왈 맹자 왈

남이섬

첫 키스
소인을 찍어
초록 카드 한 장
젊은 그대에게

오월의 눈사람으로부터

그 섬에
녹지 않는 눈사람이 있다

자유인

종합병원 중환자실

온몸 결박하였던 줄 떼어지고
맥박 수 제로
빛을 따라 가는 영혼의 새
자유롭다

사람들은 사소한 대화를 나눈다
죽는 일도 살아가야 할 고민도 사소한 것이니
악어의 눈물 같은 위로의 말도
입술 끝에 가벼운 바람일 뿐
무덤 위를 무덤인 줄 모르고 살아간다

사는 동안 깨진 유리 파편같이
서로에게 상처를 남겼지만
너그러운 미소로
떠나는 친구의 등을 보아야지
오늘은 네가
내일은 내가
하늘 땅 이어가는
자유인

수박

빨간 해를
먹고 나면
초록 달이
까만 별을
뱉어 낸다

피박 쓴 사람들
대박 같은 해를 안고 간다

사랑방 마루에는

따뜻한 햇볕이 고양이처럼 졸고 있다
마루 기둥에 묶여 있는 **빨랫줄**
우리 가족들의 깃발 날리고
바람도 깃발 이야기 듣고 간다

마루 위에 한 켤레 하얀 고무신
출렁이는 바다를 향해 떠나갈 조각배

사랑방 주인은 언제쯤
툭툭 햇볕을 털어내고
하얀 조각배 나들이 나설라나

가끔씩 따끈한 마루에 앉아
흘러가는 구름을 본다
심심한 나비가 졸다 간다
사랑방 주인의 안부가 궁금하다

조용히 내리는 그늘이
마루를 걷어내고 있다

초록빛 길은

이 산자락에 매달린 마을
혜택 받은 오름길 있다

밤마다 불 켜는 새 아씨
도라지 초롱꽃
둥실 뜬 구름 송이처럼
배롱나무 꽃무더기
영혼들이 눈뜨는 새벽이다

날선 옥수수 잎사귀에
젊은 날 함부로 베인 상처
아직도 서걱이는 아픔
바람은 부드럽게 나를 스쳐가며
한 장 금언의 말을 한다

가장 소중한 것은 가장 가까이 있는 것

새들이 자리를 옮기면
숱 많은 나무가 바람을 털어낸다
안개 산을 넘어갈 때
산책 길은 여기까지

어느 날
끝없이 가야할
초록빛 길은 계속 되지만

와불 앞에서

부처님도 가부좌만 하기 힘들어
누우셨다
오염된 기도가 타는 법당 안은
갑갑하다

고래가 되고 싶다 풍덩
바다로 뛰어들어
미라가 된 몸부터 풀고
바다 한 토막 마신 뒤
산호초 고운 골짜기 풍경을 달고
작은 법당주가 되고 싶다

돌고래들은 육지에서 죽고 싶고
부처는 바다에 몸을 던지고 싶다
한 장 잎새도 누울 곳 있지만
마음은 뜬 구름
산을 내려가고 있다
눈 감고 귀 막은 줄 모르고
떼까치 시끄러운 중생들 기도
차라리 사리부터 꺼내 줄까
찾아가도

돌아와도
찬 이슬 젖는 돌탑
차라리 산을 덮고
누워 버리자

불국사는 어디 있나요

졸업 여행으로 간 불국사
드높은 위용을 보고
횃댓보에 가득 불국사 십자수로 놓았다
밤마다 꿈으로 꽉 차던 때
다보탑 석가탑
올올이 곱게 수놓았던
그것들은 언제 사라졌는지

오래간만에 다시 찾은 불국사
밀려드는 관광객
척추가 줄어든 두 개의 탑이
절 마당에서 부대끼고 있다
대웅전을 들여다보며
생뚱맞은 질문을 한다
옛날 불국사는 어디 있나요
찜찜하게 돌아서 나오는데
나한이 어깨를 툭, 치며
"가까이서는 바늘귀나 보이지"

다시 돌아보니
사방 수리중인 늙은

불국사 손 흔들고 있다

지난날 기억은 영지影池에 던지고 가볍게 가란다

축제

징발되어 실려오는 화환들
엑스트라 터널을 만들고
정장한 검은 새들 모여든다

호상입니다
문상은 봄눈 같이 스러지고
술잔 가득한 상마다
수육이며 안주가 푸짐하다
간간이 향내 같은 웃음소리까지
영정 속 주인공도 문상객들이 궁금하다
"애비가 니들한테 도움이 된 듯 싶구나 허허"
애련한 눈물 한 방울 촛불이 흔들린다

목이 휘도록 곤경한 날들을
맷돌에 갈던 저녁 같은 생애가
내일이면 한 줌 재로 날아갈
마지막 밤이 홀로 얼어가고
이승과 저승에서
산자와 죽은 자의 마지막 축제
멋진 캐딜락을 타고 간다

산을 내려오다 하늘을 본다
하늘이 사라졌다
뼛속으로 바람이 불고 있다
골수 속으로 눈물이 흐른다
그제서야
고아가 된

바다를 그리네요

손녀가 큰 달력에 그림을 그리는데
바다라네요
다리가 넷 달린 둥그런 밥상인데
바다라네요
빨강 노랑 초록 색깔 예쁜 고기들
모두 동그라니 눈을 뜨고 있네요
엄지와 집게손가락 낚시로
고기들을 잡아 내 입에 넣어줍니다
와! 맛있다
연신 물고기를 먹는 나를
등대 같은 눈으로 아련하게 봅니다

고운 무지개 뜬 바다에
끼룩끼룩 물새들 웃음소리
파도들도 춤을 춥니다

나는 보금*의 바다를 믿습니다
오른 쪽으로 그물을 던지면
그물이 찢어지도록 고기가 잡히고
풍랑도 잠재우는 분이 함께하는

즐거운 어부
따뜻한 사랑 가득한
바다를 그리네요

*보금 : 셋째 손녀 호적 이름.

저수지가 있다

마을 윗길 오르면
산도 물속에 뿌리를 박고
하늘이 제 얼굴 비추는 큰 거울

저수지에 잠긴 마을
지금쯤 수궁이 되었을까
수면 위로 솟은 수초
물 밖 소식 궁금한 안테나
수몰된 그리움 건질까
힘껏 던진 그물에 노을이 가득하다

거꾸로 보이는 그림자 따라
물속 마을 찾아간
영원히 돌아오지 않는 사람들 이야기
아픈 세월의 이끼 덮는 전설
잔잔한 물살에 실려간다

거꾸로 보이는 그림자
똑바로 보일 때까지
하늘만큼 넓어지고

뿌리 깊은 나무 지키는 둑방 위로
달려가며 세월 잡는 아이들

깊이를 알 수 없는
하늘보다 먼 저수지가 있다

11월

시월 빛나던 날들은 가고
난민같이 모여있는 잎새들과
김장 쓰레기로 너저분한 시장과
입시 성적으로 우울한 아이들과
월동 준비로 바쁜 엄마들
손등에 가시가 서는
11월은

시골집 지붕 아래 시래기 마르고
청국장 끓는 냄새 담을 넘고
새벽마다 전설 같은 안개
밤마다 빈 들에 서리 내리겠지
첫얼음 얼고
첫눈이 내리는
11월은

돌아오지 않는 바람
쓴 담배 연기 푸르게 흩어지는 골목으로
목이 서늘한 남자들이
사라지고 있다

벌 해바라기 참새 참꽃

1. 벌

한 숟갈
꿀을 먹었다
수많은 벌들이 날아오고 있다

2. 해바라기

해님도
자기 씨가 보고 싶어
종일 따라 다닌다

3. 참새 참꽃

새 중에 새는 참새
꽃 중에 꽃은 참꽃
참새들
참꽃 그늘에서 논다

풍력 발전기

생머리 날리는 소녀
하얀 꽃잎을 푼다
멈추지 않는 날개
산맥을 넘어온 바람은
모두 이곳으로 불어온다

생머리 긴 소녀
하늘과 바다에 활을 걸고
해금을 켠다
찢어질 듯 간간한 소리
바다의 영혼이 귀환하고 있다

물레를 돌려라 둥글게
아름다운 세상을 만들자는 약속

바닷가 우체통

해안 산책로를 따라가면
작은 정자 있고 빨간 우체통이 있다
절벽의 바다
혹시 이곳에서 삶의 종점을 찍겠다고
신발을 벗는다면
빨간 우체통은 경고한다
한 발자국도 나갈 수 없다고
갈매기의 울음 같은 말을 한다
당신은 돌아가야 할 사람
당신을 기다리는 그 사람에게
여기서 편지를 쓰라고
긴 편지를 쓰노라면
절절한 사연도 해풍에 날아가는 한 소절일 뿐
거친 파도 또한 일말 잔잔한 물결일 뿐

눈물로 쓴 당신의 편지는 우체통 속에서
별이 되어 빛나기를
싱싱한 해초 한 다발 묶어
다시 프로포즈 하기를 당신의 삶에

여름 나그네

여기는 번지점프를 하는 곳이 아니란다

12층 높은 곳
방충망을 발톱에 꽉 끼우고
결연히 매달려 있는 매미
거실 안 나를 보고 있다
나도 불안한 그의 눈을 보고 있다
이슬을 먹고 사는 너는
보이지 않는 악보에 쌓이지 않는 소리로
한 여름 자명종처럼 울어대더니
어제는 처서處暑
젖은 발을 끓어 여기 왔다
오늘밤 걱정 없는 나그네로
사람 같은 꿈을 꾸고
이슬 많은 하늘 나무를 향해
힘껏 점프 하여라
허공에도 길을 만드는 소리꾼
여름 나그네

한밭도서관에서

몇 년째 도서관 방 하나를 빌려
참 즐겁게 공부하는 학생들이 있습니다

도서관 마당에는
싱싱한 나무들이 그림자를 드리우고
사철 발 벗은 청년이 책을 읽고
치맛자락 날리며 씩씩하게 걸어오는 소녀
이곳에 끝까지 남을 이들은
수백 짐이나 되는 책을 져 나를 것입니다

우리들 글밭에도
보랏빛 붓꽃은 피어 있습니다
스승님의 가슴에도
우리의 가슴에도

아직 쓰지 못한 시들이
넘어가야 할 고지
도서관 지붕이 이마에 닿고
십자가 없는 교회 같습니다.

3
할머니의 달

여름날

번개 치고 천둥 울리면
흙내음 묻어오는 소나기
초가집 추녀 아래
모여선 아이들을
제비가 내려다보네

아련히
멀어지는 천둥소리
어느덧 말갛게 씻은
노을

분꽃 핀 저녁
별이 뜨고
가난도 고향처럼
아버지 곰방대에 타는
여름

막걸리 DNA

비알밭 옆
푸른 그림자 넉넉한
감나무 아래
염불 씹으며 흘리며
도 닦는 황소 옆
같은 색깔 아버지가 있다
몇 고랑이나 매셨을까

한나절 침 한 모금도 마른
갈증
넘실대는 양은 주전자
대접 안에 넘치도록 채워 준
뽀얀 세월

손가락이 안주다
휘휘 저으면 올라가는 도수
밥 대신 한 사발
막힌 창자 뚫고 술술 넘어가는
근심 덩어리
돌밭 마른 땅
패랭이꽃은 피어나고

흙이 같은 사람들
딱 맞는 막걸리
DNA

그리움

어젯밤 내린 서리
은빛으로 눈부신 길을 가르며
들녘으로 가신다

언제나 철 지난 입성으로
불목은 꼭꼭 눌러 딸을 누이시고
녹두 껍질을 벗기시는 손 끝에
마른 낙엽 버석이는 소리
졸아드는 석유 등잔 아래
웅크린 그림자
주름진 세월 희미한 무늬

문 밖은 밤이 얼고
동짓달 차가운 달빛
가슴 베인 아픔
아직도
남은 그리움
긴 밤을 자릅니다

어머니
언 발은 녹으셨나요

굴비 · 1

내 안에 길이 있어
소금 절은 파도 소리 들락이고
내 몸은 여위고 있는데
아직도 무엇이 남아
부릅뜬 눈
끝까지 가는 선비
자유를 결박하지 말라
가문의 문신 새겨진
역린逆鱗*
거기에 깃발 달고
비상하는 새

*역린 : 거꾸로 박힌 비늘. 건드리면 죽는다는 전설 속 용의 턱 아래 난 비늘

굴비 · 2

나는 어린 시절 허약한 아이였습니다
노상 고뿔에 배앓이를 하던
마흔 한 살에 낳은 늦둥이였습니다

밥상머리에서 도리질을 하는 내게 어머니는
아버지의 쌀밥 한 술을 물에 말아
쪽 쪽 찢은 굴비를 얹어 주셨습니다
어머니도 그때쯤 눈이 어두워
호롱불 옆에서 가시를 발라주셨습니다

굴비보다 더 마른 세월
줄줄이 엮어지고 나이가 말을 할 때
모래 같은 밥알 입안에서 서걱이면
목에 걸리는 그 때를
쉽게 넘길 수 없습니다.

짭짤한 그리움
아픈 길을 되돌아 봅니다

날을 세우다

명절 때쯤
아버지는 여러 개 칼을 갈으셨다
숫돌은 언제부터 그렇게 잘 닳아 있었는지
물 한 번 뿌리고
스윽스윽 날 서는 소리
칼이 갈리는지
숫돌이 갈리는지
미끈한 고등어 등짝 같은 칼날에
무지개 뜨고
푸른 피 냄새
그것들은 적소讁所에서 잠들어 있어야 하고
아버지는 우리 곁에서 자주 사라지셨다

사람 사는 세상의 성城에서
잊혀지는 녹슨 시간들 잘라지며
비명을 지른다

아버지의 날들
칼의 날들
그날이
언제나 위태로웠다

아욱 죽

소쩍새 저문 저녁을 찍어온다

낚시를 하고 온 오빠가 건네주는 나리꽃
수줍게 가만히 받는 새 언니
첫 아기를 가진 둥그런 배
하얀 감자 꽃 피어난다

아욱죽을 끓이시던 어머니 부엌이 환하다
성스러운 예식 같은 저녁을 먹는다
부드럽고 구수한 아욱죽에 시큼한 열무김치
훈훈한 바람 한 그릇 가득한 포만
험 없는 이들
인내를 배우던 시절
아욱 잎사귀처럼 푸른 꿈 꾸던 요람

호박순 담 넘듯 자라는 세월
뒷밭에 아욱 층층이 작은 꽃들 피우고
남산 넘어 우리 산에
함께 아욱 죽 먹던 이들
층층이 누워 잠들었다

아욱을 쥐어뜯어
푸른 물 짜내는 건
아직도 남은
그때 그리움

새가 되다

하늘 아래 산다는 건
비망록 한권을 적는 일이다

서른도 못 살고 죽은 언니는
새가 되었다

마당에 도는 바람개비 남매가 놀면
새 한 마리 종종 따라 다닌다
새 장가 들어 단꿈 꾸는 건너 방 밖
웬 새가 그리 울어대는지
모란 꽃 동네 우물가에
입 소문 찍어 먹는 새
도시로 떠난 집 텅 빈 마당에
혈류 같은 잎맥
말갛게 언 발자국

하늘 가득 새털구름 흐르고
마른 수수 잎 날아가는 소리
세월이 바위 될 때
화석으로 남을 발자국

언니는 새가 되었다

생일 축하

새벽부터 날아온
한 마리 매미
베란다에 앉아
노래를 부른다
종일 울고 있다

"혹시"
막내 딸 생일이라고
먼 하늘나라에서
휴가 받아 왔어 엄마
햇보리라도 흔할 때 낳았다고
좋아하더니
흰 쌀밥 고봉으로 먹어도
맛이 없네

명년부터는 혹 쌈지 돈이라도 있으면
계좌로 입금하든지
문자나 날리든지
냉장고에 먹다 남은 케익
Happy는 없고 Day만 남았네

매미 날아 간 창틀에
희미한 발톱 자국
허공에 못 박힌 울음

아버지와 족제비

 우리 마을에는 족제비가 살았다

 봄 안개 가득한 아침 제비 두 마리가 유난히 짖어댄다 지붕 위에 납작 엎드려 있는 족제비 머리 위를 쪼을 듯 날면서 눈도 못 뜨는 새끼는 기어이 땅바닥에 떨어지고 아버지는 장대로 족제비를 쫓았다 휴우
 애를 태우던 봄꽃은 쉽게 지고

 봄내 자란 중 병아리 숫자가 모자란다 모두 들로 나간 텅 빈 집 사단이 났다 눈 뜨고 새끼가 물려가는 걸 본 어미 닭은 눈알이 빨개져서 마당을 돈다 꼬꼬댁 꼬꼬댁
 여름 가뭄 갈라진 마당은 목이 쉬고

 조용한 가을밤 탁탁 수상한 소리 배가 둥실한 토끼 뒤를 족제비가 졸졸 따라 다닌다. 토끼는 뒷발로 힘껏 땅을 차며 뛴다 아버지는 놀란 토끼를 둥구리에 담아 방에 두었다 예쁜 새끼들이 태어날 어미 토끼가 죽었다면
 창 밖은 분노 같은 달빛 흐르고
 아이는 모든 것이 고깝고 서러워 울었다
 왜 아버지는 미리 토끼장을 손보지 않았을까 우리들이 족제비 굴에 불 놓으려는 걸 막았을까

첫 눈이 포근히 내린 새벽 족제비는 덫에 치어 죽었다 새끼
를 데리고 조용히 떠나는 또 한 마리 족제비
  아이야 사람 사는 세상에는 족제비 가족도 있단다
  이야기는 끝이 나고
  그해 겨울 폭설은 모든 걸 잠들게 하였다

늦은 성묘

몇십 년 만에 혹한 폭설
눈 쌓이고 얼어붙은 산길 갈 수 없다고
경칩 무렵에 성묘를 갔다
잔디가 잘 자라지 못한 산소
평생 좋은 옷에 호사스레 살지 못한
부모님을 보는 것 같아 마음이 언짢았다
결국 이 곳에 오려고
손톱 같은 희망을 키우셨을까

"지내시기는 괜찮으세요"
"우리 걱정은 마라" 생전에 하시던 말
모든 시름에서 해방된 자유구역
참 고요하다

늘 부모님 곁을 지켜주는
늙은 소나무와 늠름한 떡갈나무와 파란 하늘을 보며
꾸벅꾸벅 절을 하였다
그들도 맞절을 한다
주머니에 만지작거리는 이런 저런 생각들
삐링삐링 울리는 핸드폰
부모님 생각은 허공으로 날아가고

산 사람 일만 등에 업고
산을 내려왔다

푸른 산 그림자
앞서 가고 있다

봄 미나리

온 마을 천렵 나온 날

진달래 꽃 그림자 드리운 붉은 강물에
파란 미나리 흔들어 씻어 놓고
데쳐서 나물 무쳐
삶아 건져 놓은 국수 고명을 얹는다
숭덩 썰어 누릇누릇 전도 부친다
따끈한 봄빛에
데워진 막걸리 통이 뒹굴고
강 건너 마을은 모두 텅 빈 집

칭이나 칭칭 나네
저 건너 강변에 돌도 많고
우리네 살림살이 근심도 많다
칭이나 칭칭 나네

파란 미나리 흔들며
보리 고개 넘어가는
하얀 치마저고리 의병들처럼
부르는 노래
사기충천하다

긴 하루 해 저문 골목에
아련한 칭칭가 소리
하얀 미나리 꽃 늙어가는
봄날은 갔다

도라지꽃 이야기

첫 딸을 낳은 언니
도라지 꽃 수놓은 베개 위에
하얗게 앓고 있었다

세월이 돌아가는 골목 어귀
애잔하게 핀 꽃
귀를 대면 산사의 범종 소리
탁발의 길이 뽀얗다

아픈 이도 지친 이도 많았던
젊은 한 계절
밤 새워 불 밝히는
초롱꽃 기원
탑 하나 세우고도 남으리

꽃 속에 작은 벌이 울고
언니는 아직도 돌아오지 않는다
어느 개울에서 몸을 씻고 있는지

보랏빛 그 꽃
모든 걸 바치고 싶다

바다의 달

밤바다에 달이 떠있다

애처롭게 걸린 등불
밤마다 등불을 내걸던 어머니
한 자락 바다를 덮고 잠들었다
물고기 따라 산호초 속으로 들어갔다
등불을 내건 어머니 방이 보였다
자박자박 발자국 소리
달이 돌아오고 있다

해를 건지러
어머니는 집을 나선다

살구나무

온 동리 아이들 모이던 나무
당글당글 매단 초록의 바람
나날이 바람 속에 살이 오르고
성급하게 먹어본 쓰고도 알 수 없는 맛
아이들도 하나 둘 타관으로 떠나고
살구나무도 신음신음 허리가 아팠다
홀로 붉은 눈물 흘렸다

시디신 인생의 쓴맛을 본 후
찾아온 고향의 언덕 살구나무
아무것도 수확할 수 없는 농부로 여기 왔다
하지의 긴 해를 보내고 돌아설 때
햇살 오른 붉은 열매 몇 개 떨어졌다

고단한 하루를 보내고 돌아가는 사람
생각만 해도 마른 입 적셔오는
달콤새콤한 고향의 우물
늙은 하늘 아래 살구나무

할머니의 달
— 손자 조민균을 생각하며

할머니와 나란히 누워
보름달을 봅니다
눈부신 달빛 우리 얼굴을 쓰다듬고 있습니다
졸음에 겨운 할머니 옛날이야기 속
호랑이도 스르르 잠들고
사촌 누이들과 꿈같이 즐거운 명절을 보내고
내일이면 돌아가야 하는
마지막 밤
멀리서 밤기차 가는 소리
보이지 않는 소리가 무겁습니다
할머니는 아직도 나를 아가라고 부르지만
내 마음 아쉬운 슬픔
이슬처럼 젖는 걸 모르시고

달은 더 높이 떠올라
하늘 넓은 창 넘어가고
내일이면 서울로 가서
다시 돌아 올 날 기다리는 동안
달을 보겠지요
할머니처럼 둥근 달을
몇 번이나 보겠지요

짧은 봄

나는 머언 먼 마을에 와 있습니다
어릴 적 고향 마을과 닮았습니다
마음이 머무는 곳이면
어디서라도 고향을 만날 수 있겠지요

꽁꽁 언 겨울 이겨낸 꽃들
허무하게 지고
짧은 봄, 그런 봄 차마 볼 수 없어
그림자 손잡고 떠나 왔습니다

밤새도록 봄비 내려
꽃이 진 상처 씻어주고 있습니다
늦도록 반성문을 썼습니다
분노의 꽃만 피운 늙은 가지를 용서하여 달라고
목이 휘도록 하늘을 보며
세상에 없는 길을 찾았습니다

세월이 고개를 숙인 뒤
수없는 편지 무성하게 핀 나무
찬란한 햇빛 빛나는 그때쯤
다시 돌아갈 때는

천둥 번개 살아있는
힘센 어머니

다녀왔습니다

성탄카드

빛바랜 카드 한 장

시골 성당은 조금 높은 곳에 있었습니다
성탄 전날 밤
온 동네 아이들은 초저녁부터
교회로 달려 갔습니다
낡은 성당 유리창에 트리가 빛나고
늙은 수녀님이 켜는 은은한 풍금 소리
산타 모자를 쓴 아이들이
인형처럼 노래를 부릅니다
뒷집 언니는 성모 마리아
옆집 오빠는 요셉
내 동생은 아기 천사였지요

모든 성탄제 끝나고
선물로 받은 연필 한 자루
시루떡 한쪽을 주머니에 넣고
집으로 달려 옵니다
하느님도 사르르 흰눈을 뿌려 주셨지요
그날 밤 산타는 내 집에 오지 않았지만
어머니는 늦도록 해진 옷을 깁고 계셨습니다

부뚜막에는 아버지를 기다리는 한 그릇 팥죽이 얼고

어린 시절 우리들의 요람
교회 불 꺼지고 오래된 비망록
성탄 카드

해금을 켜는 소녀
— 손녀 조민정

하늘과 땅
만 가닥 명주실 타래
두 가닥 현을 걸어 놓고
오죽의 활을 들어
해금을 켜는 소녀

들장미 싱그런 향기
얼비친 그 얼굴에
하얀 꽃 그림자 내려앉는다

푸른 정맥 보이는 손가락에
댓잎 스치는 소리
활이 현에 닿으면
아련한 울림 바다도 잠든다

가슴 저미는 간간한 소리
하늘 땅 사이 온갖 번뇌
이름 모를 큰새가 물고 간다

노을 보자고 열어 놓은 창에
해금을 켜는 소녀

나를 보고 웃고 있다

첫사랑 눈을 맞추었다

한라도서관

제주도 한라도서관 일층에는
어린이 도서관이 있다
소문을 듣고 온 관광객 가족
바닥에 앉아 책을 읽어준다
엄마 품에서 아빠 무릎에 앉아 잠이 들면
일곱 난장이들과 둥글게 둥글게 춤을 춘다

도서관 실내에는 예쁜 화장실도 있다
달콤한 캔디 냄새 솔솔 나는
아이들은 그곳도 놀이터다
책을 보다 쉬도 하고 응가도 하고
애벌레 같은 응가 동동 떠있는 변기

도서관 식당에서
이천 삼백 원 하는 멸치국수를 먹는다

갈 곳도 볼 것도 많은 제주도
어린이 도서관에서 쉬고 가는
젊은 관광객 가족

창밖에 구름 천천히 흐르고

잘 자란 나무숲이 있다
그 사람들 깃들여 살겠다

참 미안합니다
— 남편에게

앞서가는 이
말없는 그림자
말없이 따라 갑니다

세모꼴 네모꼴로 만났지만
세월이 시나브로 흐르는 동안
하도 부딪히고 닳아서
꼴은 사라지고
얼은 둥그런 보름달 되었습니다

백년을 살아도 끝나는 날은
단 하루 뿐
서산에 붉은 노을
길어지는 그림자
아주 사라지기 전에
사랑한다, 살아서 말하고 싶지만
죽어도 그 말은 다만
나는 참 미안합니다

둥그런 보름달
떠오릅니다

배추밭

새벽안개 잠기는 배추밭
아버지의 강이다

풍년이 들어도
강은 수심이 깊다
그래도 포기할 수 없는 포기들
밤마다 몸을 뒤척이는 강,
아버지는 무릎을 꿇고
착한 배추들과 작별을 해야 한다
강물이 떠난 자리
어지러운 바닥에
홀로 서성이는 그림자를
무늬 없는 바람이 다독인다

또한 세상 식탁에서
김치를 만난다

4

모기에 물리다

로데오 거리에서

그날은
모처럼, 늦봄이 넥타이를 풀었다
목련이 허망하게 가고 난 자리에 초록불 켜지고
뾰족이 발가락을 내민 은행나무들
미끈미끈 빠져나가는 물고기떼 같고
한 무리 새떼 같은
사람들 이마에 어른거리는 꽃 그림자

문득, 들장미 언덕을 지나온 스킨 내음
미루나무 같은 사람이 웃음 짓고 있다
내 등 뒤, 다음에 오는 이를 보고
착각을 허락하며 나도 웃었다
이 거리와 나도 공유할 수 있는
젊음의 동력

미로에 수감되고 싶다
그 열정을 카피하고 싶다
계속 자라는 도시 강한 스프레이였다
로데오 거리는

황금 물고기의 전설

2010년 3월 26일 서해에서 천안호 침몰
다수의 해병들이 전사하였다

하늘과 바다 맞닿은 곳
그 너머까지
이념의 날이 선 파도의 파편
빠른 물살로 내장이 잘리는
그 속도 모르며
그저 평안한 문자를 띄우곤 했었다

살아서 돌아오라는 마지막 명령
영원한 현역으로 남겠다는 수병들
임무를 타전해 왔다
그후, 형형한 광채로 부릅뜬 눈
황금빛 비늘이 선 물고기 떼
펄펄 요동하면 바다도 숨죽이고
서해는 그들이 접수했다는 특파원 보고

한줌 짜디짠 소금을
상처에 뿌리는 아픈 바다와
황금 물고기 화인을 가슴에 품은 이들도

이별 내용증을 접수한다
다시 봄꿈을 꾸는 서쪽 바다도
전설이 된 그때 일을
망각의 물로 다시 채운다

역전 광장에서

가을 저녁은 어둠이 빠르다

밀물 썰물이 빠른 곳
마음이 조급해서 뛰는 사람들
어느 스님의 라이브
슬픈 팝송 이슬로 적시고
광장은 휴식 시간이다

포장마차 아래 서로 죄인이라고
포장한 사람들
맹물로도 취하고 싶어 술잔을 들어 올린다

떠난 이들 돌아오지 않고
떠날 수 없는 이들 머리 위에
노숙자 반달이 흔들린다
반쪽의 해후는 요원하고

광장에 불빛을 추억하고
야간열차 검은 창에 환상
젊음과 이별하던 곳

가을 저녁 팝송 울리고 반달 뜨는 날
떠나지도
돌아오지도 않는 손님
광장

깨진 것들은 빛나고

지구는 어느 행성에서 부서진 파편일까
밤 하늘의 별들은 축배의 잔이 부서진
크리스탈 조각들

사람 사는 마을에서
부서지지 않는 것 있을까
남의 불행에 위로받던 내가
남의 불행에도 위로가 되어줄 차례
희망을 미워하지 않는 조각들
어느 날
착한 햇빛이 허리를 굽혀
너를 찾을 때
반짝 눈 뜨고

누더기 같은 실금들은 모두 깨져 버려라
깨진다는 건
또 하나 생명이 생기는 일이다
더운 피가 흐르는 일이다

지구는 창마다
예쁜 빛깔 스테인드 글라스

빛나는 별
노숙자들
아침은 일어난다

서 있는 사람들

꽃들은 어디서 씨앗을 얻었을까
이름이 무슨 소용일까
피어난 것만으로 꽃인 것을

포화로 무너진 산기슭에
묻힌 씨앗들
무심하게 잊혀진 땅위에
피어난 꽃들의 힘
소란 없는 세상의 봄을 위해

반세기가 넘도록 서있던 사람들
이제 누워도 좋습니다

강원도 철원군 광덕산 참호에 나란히 선 채로 죽은
6·25 전사자들 시신 80구를 찾아내었다

꽃들의 씨앗은 여기서 얻었습니다

능선 위로 깃발이 오르고 있습니다

우공 산

아파트를 짓는다고
뒷산을 뭉개고 있다
포크레인이 우공을 퍼 담고 있다
산 하나쯤 사라지는 건 시간 문제

반듯하게 잘 자란 나무는 토막 나고
굽은 소나무는 살아서 실려 간다
우공이 까치집에 앉아 웃고 간다
까치들이 울며 따라 간다

잘 가시오
산을 물고 가는 당신

누구나 아버지가 있다 산이었다
산이 사라져 폐허가 되었다
기쁘게 폐허가 되어 주었다

정지용 생가 그리고 나

왕골과 갈대는 다르다

정지용 생가 沃川郡 沃川邑 下桂里 40번지
나의 생가는 49번지

두 아이의 어머니가 된 어느 해 어머니 기일에 간 옥천은
엷은 졸음에 조용하던 마을이 아니었다
서울 번호판 자가용들이 늘어서 있고
차양 아래는 어수선한 잔칫상

지용축제
향수 고장에 오신 것을 환영합니다

낡은 기계 먼지 풀풀 날리던 정씨네 방앗간 뒤
울도 담도 없던 문간 어둑한 방
마른기침을 하는 노인이 누워 있고
등 굽은 할머니가 들락이던
그 분들이 혹시 시인의 부모님이셨을까
낯익은 사람들은 모두 떠나고
어색한 너무도 이상한 집, 시인 생가 출현
고향 사람들은 생뚱맞게 시인의 시를 중얼대고 있었다

실개천은 둑이 나지막하여 어린 우리들이 쉽게 오르내릴 수 있었으나 어느 해 큰 홍수가 나서 집들이 떠내려갔다. 그 후 내를 넓히고 둑을 높게 쌓아 우리 집은 마당이 줄어들고 둑 아래 낮은 집이 되어 버렸다. 홍수예방용 저수지가 물을 막아 실개천은 오염되어 여름이면 목욕을 하고 물고기를 잡던 우리들의 놀이터는 사라졌다. 상계리는 닭전거리, 하계리는 나무전, 시인의 생가 아래 동안리 입구로 가는 끝은 피청거리, 사거리 위에는 우시장이 서던 작은 동네, 금빛 울음 매어 있던 아카시아 늙은 세월 묶여 있다
　함부로 쏜 화살을 줍던 앞산으로 달려가 삐비를 뽑고 내려오다 가재를 잡아 고무신에 담아든 막내딸 사십 넘어 낳은 늦둥이 부드러운 아욱죽에 배부른 나는 따뜻한 불목 초저녁 잠들고 언제나 철지난 입성으로 시름겨워 한숨 쉬던 어머니의 늙은 그림자 호롱불 춤추고 있었다

　난리통에 삼남매가 죽은 우리 집은 무너졌다 남은 자식은 평생 교사로 산 오빠와 나
　흑백 사진 속 낡은 모습으로 방치되어 있던 고향

　오빠는 퇴직 후 선대가 살던 고향집을 팔고 아들네 집으로 들어갔다

잘못된 선택

밤바람 울어가는 까마귀 옥천은 이제 나에게도 먼 곳
타향에서는 간절하나
몸은 고향에 머물기를 싫어한다
시인은 어느 타향에서 향수를 지으셨을까
시냇물이 가로 막아
시성의 염력念力이 내게까지 미치지 않았을까
시를 사랑하였으나 시를 쓰는 일은 어려웠다

너무 큰 사람의 그림자는
뒤에 오는 사람을 사라지게 한다
하얀 이슬 내린 가을
언 발로 겨울 파종을 하는 농부는 바쁘다
봄은 모든 대지 위에 올 것이니
향수 건너편 뚝방 아래
집 주인 백

예수 상

성당 꼭대기
두 팔 벌린 예수상

밤마다 내려오시어
이 동네 저 골목 돌아보시네
잠그지 않은 문도 닫아 주시고
꼬리 흔드는 강아지도 쓰다듬고
병자의 머리도 만져보시네

많은 별 중에
오직 푸른 별 지구가
기울어지지 않도록
사랑의 못을 박으셨네

밤마다 찾아가는 골고다 언덕
새벽이 오면 상처투성이 발을 씻고
고요히 두 팔 벌리고
아무 일 없다는 듯
서신 채로 잠드셨네

모기에 물리다

  신비로운 영산 백두산을 보고 내려올 때 기다렸다는 듯 달려드는 사람들 장뇌삼을 파는 조선족이란다 바짝 마르고 까만 얼굴들 악착같이 매달린다 2만원이라던 장뇌삼이 차가 떠나려 하자 5천원이란다
  그래도 사는 이가 없다 평생 처음이자 마지막일지 모를 그곳에서 가짜면 어떠랴
  동족에게 5천원은 그냥 주워도 되었을 것을
  가지고 간 관광비가 얼만데
  언제나 눈이 녹지 않는 곳
  세상에 탑을 세우려고 애쓰던 이들도
  소소한 것에 인색한 사람들
  미욱한 담벼락 뒤에 그때 일
  후회스럽다

달려드는 모기떼를 피해 산을 내려왔다
며칠을 굶었을지 모를 산속 모기들
햇살에 반짝 눈물이 보인다

오냐, 깨물어라
목숨 주머니 채워질 때까지
긁고 또 긁어 부푼 분홍빛 상처

그것이 너희들과 내가 함께 사는
가려운 문신이다

성거산 성지

차령산맥 험준한 줄기 성거산
야생화 가득 치마를 펼치고
무명의 순교자
봉긋봉긋 솟아있는 줄 무덤들
평화롭게 잠들어 있다

메밀꽃 하얗게 눈 내린 들녘
조용하게 숨어
조밥을 짓던 연기 없는 마을
보랏빛 붓꽃이 아직도 피어
한 세월 살다 간 교우촌 집터라고
금을 그어 놓았다

피멍울 진 넝쿨들이
하늘을 향해 기어오른다

지상으로 내려온 별
그 이야기 귀로 보고
하늘에 피어 있는 꽃
붉은 마음 눈으로 듣는다

풀물은 먹물 스미듯
초록의 피가 돌고
내 마음은 고운 빛깔 꽃을 입었다

* 천안 성거산 성지 : 신유박해와 병인박해 때 순교자들이 살던 교우촌 유적지와 무명의 순교자들 줄 무덤 두 곳이 있다.

눈 내리는 날

한 때는 눈이 오는 걸 볼 수 있었지만
지금은 등 뒤로만 내리고 있습니다
설렘으로 기다리던 때도 있었지만
눈 녹아 버리는 건 순간
세상 모든 일들 순간 이었지요

늑골 뜨거운 감동 사라진 걸
눈이 눈치 채고 내려오다가
주소 불명 한 곳으로 날아갑니다
흰 무리는 다시 하늘로 올라갑니다

신을 벗어 든 하얀 새들처럼
떼지어 날아갑니다
그들의 방황이 길지 않았으면 합니다

타향 땅 쓸쓸한 비석 뒤로
날개 접은 꽃으로 쌓여 있다가
고요히 흐르는 눈물
비석의 얼굴 씻어 주겠지요

아현 육교

굴레방 다리는 거대한 물고기였다
엄청나게 쏟아진 내장처럼
끈끈하게 밀려다니는 사람들
서울역에서 기본요금보다 조금 더 택시비를 내면
다리 아래까지 갈 수 있었다
위로 시간을 쪼개듯 달리는 무수한 차들
아래서는 옹골지게 사는 사람들 고함소리
음습하고 우악스럽게 육중한 다리
땀 내음 절은 누추한 기둥에 소금 빛 녹슨 불이 빛났다
육교 아래로 해가 지면
물고기 내장을 조금씩 나눠 갖고
오르고 또 오르는 산동네 사람들
중고품 인생을 재생하고
더듬이 긴 곤충도 곁들여 사는 곳
거대한 물고기 사라지고 모처럼 달빛 오래 머무는 밤
구름처럼 솟아오르는
마음 속 그리움 안고 건너가던
굴레방 사람들 구름다리

* 아현육교는 1968년 개통되어 45년만에 철거되다.

팽목항의 봄

진도 앞 바다 팽목항에는
새로운 섬 하나 솟았습니다

타다가 숯이 된 검은 돌섬
가슴마다 대못 박힌 돌
소금 바람에 녹슬어 갑니다
파도는 달려와도 머물지 못하고
바람 불어가도 슬픔 걷어가지 못합니다

팽목항 바다 속에는
아빠의 뼈를 깎고 엄마의 눈물로 자란
영롱한 진주가 있습니다
목걸이를 만들어 주었습니다
백년도 천년도 간직해야 할
참 귀한 선물

팽목항의 봄은 가고
세월이 고개 숙일 때
돌들 부서져 고운 모래 되고
녹슨 못 빠질 때
천길 절벽에도 길 있겠지요

노란 손수건 흔드는 봄
단원고등학교 분교입니다

길상사

저녁 안개 내리는 길상사
화장을 지우고 나온 여인이다

무거운 법당 문
깊은 향내 붉게 물들고
소란한 하루 저물게 하는 목탁소리
청정한 선원 보리수 아래
호기심 많은 새들 날아들고 있다
아름다운 꽃나비들 술잔 넘치던 누마루
템플스테이 참가한 사람들
열반에 든 스님 강의에 빠져있다

사는 일이나
죽는 일이나
부처의 손바닥
그러니 버리고 또 버려라

무소유 북소리 큰 울림
대원각 뿌리째 뽑아 부처 앞에 바치고
등이 휘도록 무거운 업보
무상한 구름 한 조각 북악산을 넘어간다

허리 굽은 노송
아직도 기다리는 손님

맑고 향기롭게
아름다운 교류 하얀 석탑 세웠다

그집 그 사람

1
시 같은 수필 수필 같은 소설, 소설 같은 시를 써보고 싶었다

바다로 가는 길 옆 새로 지은 듯한 갈색 벽돌 이층집이 있다 마당가에는 하얀 마리아 석상이 있고 석상은 언제나 빛이 흐르고 있다 넓은 거실 안에서는 누군가 내가 좋아하는 슈만의 토로이메라이를 연주하는 피아노 소리가 들린다 숨어서 듣는 나를 저 소리가 보면 어쩌지 우연히 차에서 내리는 집 주인인 듯한 사람 코트 자락이 바람에 날린다
 그 집 마당에는 쓸쓸한 바람이 살고 있다
 산 그림자 내려와 집을 껴안는다 그 집은 답답한 벽이다
 나는 그 집에 빨랫줄을 걸었다
 어떤 인연 같은 비밀의 줄 하나를

2
인생의 길 위에 길이 있다
누구에게 말하거나 말할 수 없는 길
휴전 협정 결사반대!
전쟁으로 초등학교를 어수선하게 졸업하고 여학생이 된 그 해 매일 반복되는 데모 나는 견디지 못하고 휴학하였다

아버지의 고향인 남해 고모 댁으로 내려왔다 난리를 겪느라 감기가 심하다 싶었는데 결핵이 깊이 들어와 있었다 모든 것이 엉망이던 때 그래도 공기 좋고 전쟁이 피해간 고모댁은 언제나 잔잔한 바다가 있었다 매일 바닷가 인적 없는 작은 길을 동리 사람들은 모르는 것 같다 빨간 동백꽃과 반짝이는 잎 상큼한 들찔레가 무더기로 피고 산나리가 연약하게 흔들리는 그 길을 계속 올라 가면 누구네 별장인지 그냥 비어있는 집이 있다

나는 이 길에서 아저씨를 만났다 등산복 차림에 안경을 쓴 그 아저씨는 그때까지 내가 만난 사람 중 제일 학식이 넓고 특히 풍부한 문학적 상식은 무한하게 신비로운 세상으로 다가왔다 스펀지 같이 모든 걸 받아들이는 나날이 새롭게 눈뜨는 것이다 어떤 때 아저씨의 눈은 차고 깊은 바다 속 물고기의 움직임도 살피는 듯 날카로웠다 그럴 때는 바다 저편에 있는 사람처럼 멀게 보였다

그 길에 여름이 가고 있던 어느 날 아저씨는 나무 십자가 달린 목걸이를 주셨다 어설프게 만들어진 실 목걸이였다 누구에게 자랑할 수도 없이 못생긴 그러나 내게는 목이 아프도록 무거운 십자가

그날 이후 아저씨는 만날 수 없었다 싱싱하던 후박나무 잎이 지고 풀들은 누워버렸다 세상의 빛이 사라지는 것처럼 참

남한 마음으로 기다리고 또 기다렸다 다시 의기소침하고 병약한 나는 겨울을 맞고 있었다

　서울이 수복되고 집으로 돌아온 나는 매일 동네 병원으로 가서 주사를 맞고 약을 챙겨먹고 뒹굴며 아저씨가 들려준 테스 좁은문 섹스피어 등을 읽고 풍금에 앉아 슈만의 트로이메라이를 치곤하였다 아저씨가 가장 좋아하던 곡이다 슈만이 친구의 여동생과 작별을 하며 즉석에서 연주하여 준 곡이라고 하였다 슬픈 멜로디다

　성탄절이 가까운 어느 날 아침 숨 막히는 신문 기사를 보았다 "남해 거점 간첩 자수" 아저씨가 있다

3
　망각은 잊는다는 것이다
　잊을 수 없어 그것을 맹서하는 슬픔
　90을 넘기신 고모님은 아무래도 이 봄을 넘기지 못하실 거라고 해서 내려왔다 옛날 그 길은 해안도로가 되어 차들이 무수히 달리고 있었다 옛날 일은 잊으라는 듯이

　고종사촌 언니는 일년 전에 본 그 벽돌집 관리를 맡고 있었다 그 집 주인은 몇 달 전 암으로 세상을 떠났고 지금은 빈 집이란다 주인의 유지대로 기증되어 결핵 요양병원으로 쓰여질 거란다 거실에는 오래된 가족사진과 피아노 그리고 탁자 위에

몇 권의 책 그중에 자서전이 있다

"나는 간첩이었다"
남파되어 접선장소에서 만난 순수한 소녀를 기억한다
그러나 나는 그 소녀에 대하여 아무것도 모른다 알려하지 않았다 그것만이 내가 그를 보호하고 베풀 수 있는 최선의 우정이었으리라

나는 가만히 책장을 덮고 거실을 나왔다
내가 걸어 놓았던 빨랫줄을 거두었다
집이 그늘에 안기고 있다

새 사제 태어나는 날
― 이승현 안드레아 사제 서품

하늘에서는 주님의 축복
땅에서는 우리들의 기쁨
새벽을 여는 사제의 첫날
따뜻한 박수 소리 꽃잎처럼 날립니다
하얗게 내린 눈밭
눈처럼 깨끗한 목자가
새 길을 만들어 가려 합니다

이제 고뇌와 번민
수련의 긴 밤은 밝았습니다
하늘의 창 열리고
해 뜨는 곳에서 해지는 곳까지
하느님의 영광을 노래하는 이 날입니다

눈에 보이는 것은 잠시 뿐
사람만이 사람을 구원하는
사제 되어 주소서
당신 제의 앞에는 자신의 십자가
등에는 신자들의 십자가를 지고 가야하는
소명의 산

그 길은 얼마나 먼가요
기쁨이면서 아픔이기도 한 마음
성모님도 부모님도 우리들도 지울 수 없읍니다

돌 하나 풀 한포기 정을 두지 말고
모두 잊고 가소서
텅 빈 배낭만 메고 가면서
열정과 사랑 때로는 지난한 고통의 삶도
하나씩 채우소서
가시다가 아주 힘들고 고단한 저녁이면
신자들의 기도로 완성 된 당신의 모습
퍼즐 한 조각 꺼내 보소서

이제 우리들 곁을 떠나는
신부님의 소식
바람에 실려 오면
전설처럼 오늘 이야기를 떠 올리겠지요

저희가 구원 될 길은 오직 한곳
바빌론의 강
무성한 버드나무 가지 아래

영원한 도시를 노래하는 그날까지
오늘 이 모습 그대로 살아 가소서

자랑스럽고 소중한
새 사제 태어난
이 동네 소문났네
하늘과 땅 경사로세

참 아름다운 청년
이승현 대건안드레아 사제님

힘차게 나가소서!!
양들이 따르겠나이다

*2014년   1월 16일

■ 작품해설

서정과 시심의 맥놀이 현상
― 이사라 시인의 2시집 해설

문학평론가 리 헌 석
(사단법인 문학사랑협의회 이사장)

1. 시인의 강을 다시 보며

이사라 시인은 매주 대전성모병원에서 봉사를 한다. 독실한 가톨릭 신자인 그는 1983년부터 2014년 현재에 이르기까지 30년이 넘도록 봉사하여 근속 공로상을 받을 정도로 열성적이다. 환자들의 수술에 쓰이는 물품을 정리하는 등, 여러 부서에서 봉사하고 있다.

이사라 시인은 청소년기부터 시의 씨앗을 품고 생활하던 중, 이순(耳順)을 넘기면서 습작기에 들어선다. 열심히 노력하여 여러 작품을 빚게 되고, 2008년에 『창조문학』 신인상에 시가 당선되어 등단한다. 이어 습작기에 창작한 작품을 모아 2009년에 첫 시집 『강물에 시를 쓰다』를 발간하여 문단의 주목을 받는다. 첫 시집의 해설에서 조남익 시인은 '사물의 원형과 근원에 대한 발견'이 주부의 사회미학에 눈을 뜨게 하였다고 평설한바 있다. 그의 시는 원숙한 서정에 바탕을 두고,

주제와 이미지의 결합이 뛰어난 작품을 빚어내고 있다.
   그의 첫 시집을 재독(再讀)하면서 시심의 근저에 흐르고 있는 '강'을 만난다. 청소년기부터 고향의 금강은 그의 시심을 가꾸는 서정적 공간으로 기능하였으며, 강을 통해 아름다운 정서가 배양된 듯하다. 때로는 강과 함께 사는 사람들의 희로애락이 시인의 의식과 무의식에 작용하여 작품으로 승화된 듯하다. 첫 시집의 표제작이기도 한 「강물에 시를 쓰다」는 시인의 내면에 드리워진 추억의 편린(片鱗)을 승화시킨 작품이다.

   지금 후회되는 것은

   너무 느리게 흐른다고
   강물의 등을 떠밀어 버린 일이다.
   일몰의 시각에 나타나는
   무지갯빛 물고기의 이름을 잊은 일이다.
   나는 아이였고
   강은 넘치게 흐르고 있었다.
   날카로운 외로움 빛이 되고
   빛은 나를 베어 비늘이 되었다.
   철쭉이 지는 강 붉게 흐를 때
   두루미가 다리 하나로도 먼 산을 보는
   평화로운 강가에서
   첫 아기를 낳는 사람이 되고 싶었다.
   따뜻하게 데워진 강물에 아기를 씻기고
   강바닥에 내려앉은 작은 영혼들의 움직임을
   보여주고 싶었다.
                  ― 「강물에 시를 쓰다」 1, 2연

   이 작품은 5연으로 구성되어 있다. 1연과 3연은 각각 〈지금 후회되는 것〉으로 단 1행이다. 인용한 2연이 바로 시인이 후회하고 있는 일부이며, 4연 또한 같은 구조로 되어 있다. 이를 바탕으로 도출된 5연은 〈삶의 절반을 가르고 흐르는/ 강,/ 건너기 전까지/ 시를 쓴다.〉로 맺고 있다.

 이 작품 2연을 분석하는 것은 이사라 시인의 문학적 지향을 확인하는 작업이기도 하다. 그는 젊은 시절에 강물이 너무 느리게 흐른다고 등을 떠밀어 버린 일을 후회한다. 강은 느리게 흐르기도 하지만, 강물에 비친 아름다운 경치를 안고 흐르거나, 때로는 홍수가 일어 강안(江岸) 가득 흐르는 황톳물의 도도함까지 갖추고 있지만, 그의 내면에 살아있는 '금강'은 느림의 객체로 인식된다. 이와 함께 그는 노을이 지는 시각에 물 위에서 펄떡이는 '무지갯빛 물고기'의 이름을 잊은 것을 후회한다. 물고기의 이름을 잊었다고 하여 후회할 일은 아니지만, 시인의 내면에 가끔씩 나타나는 사물들에 대한 궁금증이 표면화된 듯하다. 그 물고기는 '갈겨니'여도 좋고, '무지개 송어'나 '끄리(칠어)'여도 무관할 터이지만, 추억을 이끌어내는 소중한 제재임에 분명하다.

 그에게 '금강'은 〈두루미가 다리 하나로도 먼 산을 보는/ 평화로운〉 곳이며, 그 곳에서 〈첫 아기를 낳는 사람〉이 되고 싶었다고 고백한다. 여름날 오후, 따뜻하게 데워진 그 강물에 아기를 씻기면서 '작은 영혼들의 움직임'을 보여주고 싶었다고 추억한다. 이러한 강은 그에게 있어 생명의 근원이며, 마르지 않는 서정의 원천이다. 이런 바탕에서 그가 두 번째 시집의 제목을 『시편의 강에서』로 지은 것도 필연이다. 그 과정에서

개인적 서정이 신앙과 사회로 열리게 되고, 그로 인하여 정서적 프리즘이 확장되는 효과를 얻는다.

2. 그리움의 원천에 대하여

2.1 시인의 강과 아버지의 강

이사라 시인은 「강물에 시를 쓰다」의 5연에서 〈삶의 절반을 가르고 흐르는/ 강,/ 건너기 전까지/ 시를 쓴다.〉고 노래한바 있다. 강과 함께 하였던 그의 청소년 시기에는 아름다운 서정이 내면에 흘러넘쳤을 것이다. 그러나 강을 떠나 사회생활을 시작하면서 〈날카로운 외로움(은) 빛이 되고/ 빛은 나를 베어 비늘〉이 되게 한다. 외로움은 시창작의 모티브로 작용하게 마련인데, 특히 시 창작에 대한 의욕은 이순(耳順)에 이를 때까지 자루 안의 송곳처럼 시인을 괴롭혔을 것이다.

그 날카로운 자극에 의하여 그는 늦은 나이임에도 불구하고, 시 창작의 길에 나서게 되고 멋진 작품을 빚어낸다. 그 외로움이 시인으로 하여금, 금강에서 만나 본 무지갯빛 물고기의 아름다운 '비늘'처럼 반짝인다. 여기에서 비늘의 원관념은 바로 시인이 빚어낸 작품에 다름 아니다. 그는 강을 건너기 전까지 시를 쓰겠다고 한다. 시를 '쓴다'고 현재진행형을 활용하고 있지만, 그 속내는 강을 건너기 전까지 시를 '쓰겠다'는 의지의 표현이다. 바꾸어 말하면, 강을 건너는 순간, 그는 시를 빚어내지 못하는 운명적 상황이 되리라 예감된다. 「시편의 강가에서」는 주관적 서정에 신앙적 깊이를 보탠 작품이다.

나 아직 바빌론의 강에 서성이네.
천국은 그리운 도시 그러나
사랑하는 그들 함께 가는 곳 아니면
나 홀로 그 강에 배를 띄우지 않겠네.

강물에 노을이 몸을 던지고
바람이 노을을 거두어 가도
하늘의 별들이 지켜보고
반달도 뜨겠지.

장손이 대학 가는 것도
둘째가 성공하는 일도
건망증 심한 아내 가스 잠그는 일도
시렁 위에 놓인 걱정 보따리.

그러나 나를 위해 기도하지 말고
내가 기도하게 해준다면,
버드나무 무성한 가지에 걸어놓은 사랑
아직 이별 노래는 하지 않겠네.
—「시편의 강에서」 전문

이사라 시인은 아직 '바빌론의 강'에서 서성이며 그리운 도시 천국을 지향한다. 그러나 사랑하는 사람이 동행하지 않으면 자신도 그 강을 건너지 않겠다는 의지가 굳건하다. 이 강을 경계로 천국과 현실이 존재한다. 그런데 그는 현재 바빌론의 강—유프라테스 강, 혹은 전설 속에서 만날 수 있는 강을 마주하고 있다. 특정한 사물이나 사상을 이원화하는 것은 도그마(dogma)의 오류에 빠질 염려가 있지만, 종교에서는 선과 악, 미와 추, 천국과 지옥 등 이분법을 활용하여 설득력을 확보하기도 한다.

　1연의 굳건한 지향에 이어, 2연에서는 서경과 서정을 융합하여 표현의 극대화를 이루고 있다. 〈강물에 노을이 몸을 던지고/ 바람이 노을을 거두이가도〉에 담겨 있는 은유와 상징은 작품의 품격을 높이는데 기여한다. 이에 비해 3연은 생활 현실의 대유적(代喩的) 사항들을 직설적으로 나열한다. 시적 감동은 반감되지만, 진실성을 확보하는데 기여한다. 다시 4연은 1연과 동질적 구조로 자신의 소망을 밝힌다. 가까이 있는 지인들이 자신을 위해 기도해 주는 일도 고맙지만, 시인이 그들을 위해 기도하겠다는 주체적 발상이다. 그리하여 아직은 버드나무의 수많은 잎처럼 인연을 맺고 있는 '사람'들과 이별하고 싶지 않다는 간절함을 내포한다.

　기독교 계열 신자들의 영적 고향인 이스라엘과 대칭적 공간으로 인식되는 '바빌론' 혹은 '바빌론의 강'은 여러 예술 장르에서 인용되고 있다. 구약성서에 기록되어 있는 '바벨탑'이 있던 곳으로 보기도 하며, 인류 문명의 발상지로 알려진 유프라테스 강을 말하기도 하고, 이스라엘 혹은 예루살렘과 대립되는 공간으로 비유되기도 한다. 역사, 문학, 미술, 그리고 음악 장르 등에 풍부한 영감을 준 강이 '바빌론의 강'이다. 시인은 금강과 가까운 고을에서 나고 자라서일까, 그에게 있어 '강'은 생명의 근원이자 그리움의 원천이다.

　　새벽안개 잠기는 배추밭
　　아버지의 강이다.

> 풍년이 들어도
> 강은 수심이 깊다
> 그래도 포기할 수 없는 포기들
> 밤마다 몸을 뒤척이는 강,
> 아버지는 무릎을 꿇고
> 착한 배추들과 작별을 해야 한다.
> 강물이 떠난 자리
> 어지러운 바닥에
> 홀로 서성이는 그림자를
> 무늬 없는 바람이 다독인다.
>
> 또한 세상 식탁에서
> 김치를 만난다.
> ―「배추밭」 전문

  시인은 새벽안개가 자욱한 들녘의 배추밭을 바라본다. 안개가 자욱한 배추밭은 '아버지'가 가꾸는 삶의 터전이다. 이 작품에서의 '아버지'는 시인의 아버지로 한정하기보다, 가족의 생활을 책임지고 있는 '세상의 가장들'로 보는 것이 타당할 것이다. 강가에서 농사를 짓는 사람의 대유(代喩)로 보이는 '아버지'는 풍년이 들어도 걱정이다. 흉년이 들면 소출이 작아서 걱정이고, 풍년이 들면 농산물의 가격이 낮아져 걱정이다. 식품이나 농산물은 유통기한이 정해져 있다. 특히 농산물은 제철에 수확하여 즉시적인 소비자의 선택이 있어야 한다.
  배추밭을 아버지의 강으로 노래한 이 작품은 풍년이 들어, 배추의 값이 생산비에도 모자라지만 베어버리거나 갈아엎을 수 없어 〈밤마다 몸을 뒤척이는〉 농부의 고통스런 내면을 묘사하고 있다. 농부는 배추를 출하(出荷)하면서도 〈어지러운 바닥에/ 홀로 서성이는 그림자〉로 남아 있는 사람이다. 이처럼 난관을 극복하면서 농사를 짓는 사람이 있어, 우리는 식탁에서 배추김치를 먹을 수 있다.

시인은 배추밭에서 주체적으로 일을 하는 농부가 아니다. 풍년이 들은 배추밭을 바라보면서 농민들의 애환을 비유적 심상으로 노래한 사람이다. 이 시는 시인의 애정 어린 시각과 상상력이 빚어낸 품격 높은 작품이다.

2.2 어머니의 달과 가족들

이사라 시인은 막내로 태어난다. 그가 태어나던 일제시대의 '40대'는 요즘의 '60대' 정도로 노인 대접을 받던 때였는데, 40대 부부의 만산(晚産)으로 생명을 얻은 그는 상업에 전념한 아버지 덕분에 유복한 소년기를 보낸다. 행복도 잠시, 여고시절에 그의 부친이 별세하여 어머니의 사랑을 받으며 성장한다.

그가 나고 자란 집은 충청북도 옥천군 옥천읍에 있는 정지용 시인의 생가와 지척이었다. 개울 하나 건너 대한민국을 대표하는 시인과 이웃하여 살았다는 것만으로도, 시인의 내면에 자긍심이 뿌리를 내렸을 터이다. 그 바탕에서 비롯된 것일까, 그는 여고 시절에 충북 교육주간 행사 백일장에서 장원을 하여 특별한 주목을 받는다. 당시 국어과 교사였던 김명배 시인은 특출한 여류 시인을 기대하며, 매년 신문과 문학지에서 제자의 이름을 찾았다고 밝힌 바 있다. 이사라 시인이 늦깎이로 등단하고, 시집을 발간하였을 때 특별히 기꺼워한 김명배 시인을 통하여, 당시 그에 대한 기대가 어떠하였는가를 미루어

짐작할 수 있다.

아버지의 부재(不在)로 그는 어머니와 언니, 그리고 오빠를 통하여 세상과 소통한다.

> 밤바다에 달이 떠 있다.
>
> 애처롭게 걸린 등불
> 밤마다 등불을 내걸던 어머니
> 한 자락 바다를 덮고 잠들었다.
> 물고기 따라 산호초 속으로 들어갔다.
> 등불을 내건 어머니 방이 보였다.
> 자박자박 발자국 소리
> 달이 돌아오고 있다.
> 해를 건지러
> 어머니가 집을 나선다.
> ― 「바다의 달」 전문

단형(短形)의 작품이지만, 이사라 시인의 서정과 언어적 감각이 빚어낸 절창이다. 바다의 달과 어머니가 내걸어 놓았던 등불의 비유도 신선하다. 어둔 밤길에 집을 찾아오는 가족들의 안전을 위해 등(燈)을 걸어 놓았던 어머니의 사랑은 한국인 대부분이 공감할 수 있는 소재다. 어머니가 〈한 자락 바다를 덮고〉 잠이 들었다는 표현 역시 놀랍다. 어머니의 걸음걸이와 같이 달이 '자박자박' 발소리를 내며 돌아온다. 그래서 어머니는 이제 가족을 위해 일상의 아침 해를 맞는다. 밤바다에 떠 있는 달을 보면서 상상으로 빚어낸 「바다의 달」은 이사라 시인의 대표작 중 하나일 것이며, 두고두고 찬탄 받을 만한 작품이다.

어머니에 대한 그리움이 '매미'를 통하여 승화된 작품 「생일 축하」도 압권이다. 시인은 그의 집 베란다(발코니)에 앉아 온종일 울고 있는 매미를 본다. 〈혹시, 막내 딸 생일이라고/ 먼 하늘나라에서/ 휴가 받아 왔어? 엄마!〉라는 시상은 아무나 찾아낼 수 있는 경지가 아니다. 시인은 〈햇보리라도 흔할 때 낳았다고/ 좋아하더니/ 흰 쌀밥 고봉으로 먹어도〉 어머니가 계시지 않는 세상에서는 맛이 없다고 한다. 내년부터는 막내 딸의 생일을 축하하러 (매미의 모습으로) 힘들게 찾아오지 말고, 〈계좌로 입금하든지/ 문자나 날리든지〉하라고 '어리광(?)'을 부린다. 어머니의 수고로움을 걱정하는 마음이 애틋하다. 먼지가 쌓여 있었던 것일까, 〈매미가 날아간 창틀에/ 희미한 발톱 자국〉을 찾아낸다. 그 발자국에서 〈허공에 못 박힌 울음〉을 찾아내는 시인의 언어적 감수성이 특출하다. 이러한 그리움이 언니로 이어지기도 한다.

> 하늘 아래 산다는 건
> 비망록 한 권을 적는 일이다.
>
> 서른도 못 살고 죽은 언니는
> 새가 되었다.
> 마당에 도는 바람개비 남매가 놀면
> 새 한 마리 종종 따라다닌다.
> 새 장가 들어 단꿈 꾸는 건너 방 밖
> 웬 새가 그리 울어대는지
> 모란 꽃 동네 우물가에
> 입 소문 찍어 먹는 새
> 도시로 떠난 집 텅 빈 마당에

혈류 같은 잎맥
　　　말갛게 언 발자국

　　　하늘 가득
　　　새털구름 흐르고
　　　마른 수수 잎 날아가는 소리
　　　세월이 바위 될 때
　　　화석으로 남을 발자국

　　　언니는 새가 되었다.
　　　　　　　　　　　　　―「새가 되다」 전문

　이사라 시인은 서른도 못 살고 죽은 언니를 생각하며 애상(哀傷)해 한다. 조카의 보조관념으로 등장한 바람개비가 돌아가는 모습을 보다가, 그 마당에서 검은 눈을 반짝이며 바라보는 새를 만난다. 시인은 이 새를 언니의 후생(後生)이라고 믿는다. 새 장가를 든 형부의 신혼방 밖에서 우짖는 새소리도 언니의 환생으로 인식한다. 새는 날아다니며 동네 우물가에서 나누는 여인네들의 입 소문을 듣기도 하고, 아이들의 생활도 알 수 있었을 터이다. 그렇지만 언니네 식구들이 모두 도시로 떠나고, 빈 마당에 찍혀 있는 새 발자국에서 안타까운 정서를 환기한다. 세월이 흐르면 새(언니)의 발자국은 화석으로 남을 터, 그래서 시인은 그 발자국을 따라 언니에 대한 그리움을 절실하게 되새긴다.
　언니에 대한 그리움은 「도라지꽃 이야기」에서 심화(深化)된다. 〈첫 딸을 낳은 언니/ 도라지 꽃 수놓은 베개 위에/ 하얗게 앓고 있었다.〉의 상황이 그러하다. 그 언니가 별세한 후

가늠할 수 없는 슬픔을 〈세월이 돌아가는 골목 어귀/ 애잔하게 핀 꽃〉이라 노래한 것은 애이불비(哀而不悲)의 시심(詩心)이다. 〈밤 새워 불 밝히는/ 초롱꽃 기원〉이 탑(塔)을 세우고도 남았을 터이지만, 언니가 돌아올 수 없어서 슬픔은 극대화된다.

슬픔의 물결에서, 아버지를 대신한 오빠의 관심과 사랑에 위안을 받으며 성장한다.

소쩍새 저문 저녁을 찍어온다

낚시를 하고 온 오빠가 건네주는 나리꽃
수줍게 가만히 받는 새 언니
첫 아기를 가진 둥그런 배
하얀 감자 꽃 피어난다

아욱죽을 끓이시던 어머니 부엌이 환하다
성스러운 예식 같은 저녁을 먹는다
부드럽고 구수한 아욱죽에 시큼한 열무김치
훈훈한 바람 한 그릇 가득한 포만
힘 없는 이들
인내를 배우던 시절
아욱 잎사귀처럼 푸른 꿈꾸던 요람
― 「아욱죽」 일부

여러 슬픔을 겪은 시인은 단란하게 살아가는 오빠와 가족들을 보면서 새로운 희망을 가꾼다. 저녁 끼니때를 〈소쩍새 저문 저녁을 찍어온다〉고 노래하는 발상이 놀랍다. 귀가하는 길에 나리꽃을 꺾어 올케에게 선물하는 오빠의 다정한 모습, 그

꽃을 반갑게 수용하는 올케의 다소곳한 모습에서 정겨운 가족애를 노래한다.

아들이 돌아오자 어머니가 환하게 반긴다. 그 상황을 〈어머니(의) 부엌이 환하다〉라고 표현한 것이나, 가족들의 만찬을 〈성스러운 예식 같은 저녁〉으로 표현한 것은 가톨릭 신자로서의 긍정적 자세로 보인다.

2.3. 시 창작의 염결성과 절대성

이사라 시인은 가톨릭 신앙의 영향도 있겠지만, 본성적으로 진실을 추구하는 성향의 소유자로 보인다. 생활 속에서 절대적 선(善)을 실천하기는 존경받는 성인(聖人)들도 어려운 일이었을 게다. 다만 그 선에 가까이 갈 수 있도록 최선을 다하는 모습이 아름답다.

그는 늘 자신을 깔끔하게 돌아본다. 예컨대 「거짓말을 출판하다」라는 작품에서 치열할 정도의 염결성(廉潔性)을 확인한다. 〈시집을 내고도/ 한편의 시도 외우지 못한다./ 시들이 붉은 띠를 두르고 달려 나올 것만 같다〉면서 자성(自省)한다. 〈진실만을 써야한다고 선서한 일 없지만/ 진실의 입에 넣어도 잘리지 않는 손〉이 되고자 한다. 이러한 고백은 자신의 염결성에 바탕을 둔 것에 틀림없다. 이러한 내면의 순수는 신앙의 절대성으로 이어진다.

밤마다 내려오시어
이 동네 저 골목 돌아보시네.

> 잠그지 않은 문도 닫아 주시고
> 꼬리 흔드는 강아지도 쓰다듬고
> 병자의 머리도 만져보시네.
>
> 많은 별 중에
> 오직 푸른 별 지구가
> 기울어지지 않도록
> 사랑의 못을 박으셨네.
>
> 밤마다 찾아가는 골고다 언덕
> 새벽이 오면 상처투성이 발을 씻고
> 고요히 두 팔 벌리고
> 아무 일 없다는 듯
> 서신 채로 잠드셨네.
> ―「예수 상」 전문

 이사라 시인은 '성당 꼭대기'에서 두 팔 벌린 '예수상'을 보면서 상상력을 발휘한다. 예수는 밤마다 사람들의 마을로 와서 고단한 자들의 친구가 된다. 수많은 별들 중에서 지구를 선택하여 '사랑의 못'을 박아 정상적인 운행을 하도록 한 분이 바로 예수라는 것이다. 어려운 사람들의 손을 잡고 가슴을 나누다가 새벽이면 상처투성이의 발을 씻고 십자가에 다시 오른다는 시각이다. 이는 또한 예수를 따르다 순교하신 분들을 모셔 놓은 「성거산 성지」를 돌아보며 느끼는 경외(敬畏)로 나타나기도 한다. 이 성지(聖地)는 〈차령산맥 줄기 성거산〉에 있다. 야생화가 아름다운 곳에 〈봉긋봉긋 솟아있는 줄 무덤들〉에서 무명의 순교자를 묵상하기도 하고, 야생화에서 초록의 피가 돌고 있는 고운 빛깔을 찾아내기도 한다.

이제부터라도
잘 살아 보라고
너희들을 하느님께 입양시켰다

푸른 하늘 옥수수
울타리에 낮달 걸리듯
근심을 매달고
외양간에 찬바람 드센 날
어미 소 큰 눈에 별 뜨듯
떠오르는 얼굴들

나는 왜 엄마로 만들어졌을까

이제 저 있을 자리에
당신 있어 주십시오
하느님

— 「기도」 전문

  이 작품은 신앙을 통한 '어머니'로서의 자세를 보여준다. 사랑하는 자녀들에게 지혜, 부귀, 건강 등을 물려주고 싶은 것은 부모의 마음이다. 그러나 신앙인에게는 〈이제부터라도/ 잘 살아보라고/ 너희들을 하느님께 입양〉시키는 일이 더 소중하다. 세상의 어머니로서는 〈푸른 하늘 옥수수/ 울타리에 낮달 걸리듯/ 근심〉 속에서 살 수밖에 없는 본성적 희생이 있다. 그리하여 〈외양간에 찬바람 드센 날〉에 농부가 소를 걱정하듯, 집을 떠나 살고 있는 자녀들에 대한 걱정이 크게 마련이다. 늘 걱정만 하는 자신을 돌아보며 〈나는 왜 엄마로 만들어졌을까〉 자문해 보지만, 이에 대한 답은 오직 하느님의 몫이기 때

문에 시인은 기도할 수밖에 없다.

그는 「오래된 길」에서 〈북아현동 높은 곳 성채 같은 다세대 주택들 미로를/ 또박또박 적금통장 찍어가듯 야무지게 올라가는 사람들〉 사이에서, 서울에서 공부하는 아들들의 그 시절 모습을 떠올린다. 이제 그 골목과 그 길은 사라졌지만, 시인의 추억에는 상존하는 세상이다. 그는 두 아들에게 〈인생에는 언제나 갈림길(이) 있고/ 그 앞에서/ 오래된 길 거기〉에 자신이 서 있을 것이라고 약속한다. 변하는 세상에서 변하지 않는 어머니의 사랑으로 남아 있겠다는 다짐이다.

3. 가열하게 빚어내는 시

이사라 시인은 생활 속에서 만나는 사물에 대한 특별한 애정을 작품으로 빚는다. 특히 사라져 가는 것들에 대한 연민을 자주 노래한다. 「목공소」에서는 〈빗금처럼 기울어진 시간 속에/ 살아 있는 그리움〉을 찾아낸다. 〈우리 동네 작은 목공소〉가 도시 재개발로 문을 닫고 사라지는 것에 대한 안타까움을 환기한다. 식탁에서 자주 만나는 반찬을 통해서도 서정을 담아낸다. 「고등어 눈물」에서 〈등에 선명한 가문의 표시〉를 한 뼈대 있는 족속의 〈눈가에 아직도 맴도는 파도/ 물결 푸른 바다〉가 출렁이는 모습을 연상한다.

평생을 동고동락(同苦同樂)한 남편에 대한 작품도 가품(佳品)이다. 〈남편은/ 뉴질랜드 양털 이불을/ 덮고 잔다.// 어느 날부터/ 순한 양이 되었다.// 나를 어미 양으로 알고/ 따라 다닌다.)(「양모 이불」 전문)라면서 현대사회 현상을 우회적으로 그린다. 청년기와 장년기에 호기롭게 살아내던 남편이 노년기를 맞아 의기소침하게 된 경우를 형상화한 작품이다. 손녀 조민정에 대한 사랑은 「해금을 켜는 소녀」로 거듭난다. 해금을 켜느라 〈푸른 정맥 보이는 손가락에/ 댓잎 스치는 소리/ 활이 현에 닿으면/ 아련한 울림〉을 찾아내는 손녀가 기특하다. 그 손녀가 시인에게는 '첫사랑'임을 밝힌다.

> 몇 년째 도서관 방 하나를 빌려
> 참 즐겁게 공부하는 학생들이 있습니다.
>
> 도서관 마당에는
> 싱싱한 나무들이 그림자를 드리우고
> 사철 발 벗은 청년이 책을 읽고
> 치맛자락 날리며 씩씩하게 걸어오는 소녀
> 이곳에 끝까지 남은 이들은
> 수백 짐이나 되는 책을 져 나를 것입니다.
>
> 우리들 글밭에도
> 보랏빛 붓꽃은 피어 있습니다.
> ― 「한밭도서관에서」 일부

이사라 시인은 늦깎이로 시작한 습작기에 특별한 열정을 보였을 뿐더러, 등단을 하고 시집을 발간한 후에도 쉬지 않고 창작 수련에 매진한다. 조남익 시인이 지도하는 한밭도서관의 시 창작 모임에 열성적으로 참여한다. 학습자들은 대부분 현업에서 은퇴한 노년층이지만, 문학 창작에 대한 열정만은 비교할 수 없을 정도로 가열하다.

　이사라 시인은 좋은 작품을 빚고 싶은 소망으로 신열(身熱)을 앓기도 한다. 「감기 끝내기」에서 〈햇빛의 난사 같은 오한, 바늘 끝〉 〈끊어진 전선처럼 널려진 머리카락〉을 감수하고 시를 빚는다. 특히 〈몸은 고열의 늪에 떠 있는데〉도 시를 쓰면서 〈큐브 돌리듯 맞추어 놓은 단어들/ 통증이 완화되었다.〉며 시 창작의 보람을 드러낸다. 이렇게 빚어낸 천금 같은 작품들을 감상하는 내내 행복하였음을 밝히며, 이사라 시인의 2시집 작품 감상의 여로를 접는다.

시편의 강에서
이사라 시집

발 행 일		2014년 9월 5일
지 은 이		이사라
발 행 인		李憲錫
발 행 처		오늘의문학사
출판등록		제55호(1993년 6월 23일)
주　　소		대전광역시 동구 대전로 867번길 52(삼성동 한밭오피스텔 401호)
전화번호		(042)624-2980
팩시밀리		(042)628-2983
홈페이지		http://www.lito77.co.kr(홈페이지)
전자우편		hs2980@hanmail.net

공 급 처		한국출판협동조합
주문전화		(070)7119-1741~2
팩시밀리		(031)944-8234~6

ISBN 978-89-5669-638-6
값 8,000원

ⓒ이사라, 2014

* 이 책은 ㈜교보문고에서 E-Book(전자책)으로 제작·판매합니다.
* 잘못 제작된 책은 바꾸어 드립니다.